AF409026

Mario Caligiuri

INTOLLERANZA COME POTERE

Le strategie per il controllo della mente:
un'analisi di intelligence

PREFAZIONE DI
LUCIANO VIOLANTE

Collana Accademia
INTOLLERANZA COME POTERE
Le strategie per il controllo della mente: un'analisi di intelligence
di Mario Caligiuri
prima edizione: settembre 2023
© *2023*, Santelli editore

Gruppo Editoriale Santelli

Santelli editore *dal 1987*
Via F. Filzi, 3
Cinisello B. - Milano - 20092
391.4602257
www.santellieditore.it
www.grupposantelli.it

Alla memoria di Edoardo,
che mi faceva capire il mondo

"Siamo tutti uguali, sapete: ecco dove sta la beffa."
Alec Leamas, in John Le Carrè, *La spia che venne dal freddo*

PREFAZIONE

L'analisi di Mario Caligiuri parte da una costatazione non smentibile. Il fenomeno della intolleranza è cresciuto a dismisura negli ultimi decenni e costituisce spesso il metro per misurare il rapporto con l'altro. L'intolleranza non è solo un sentimento, questa la successiva riflessione dell'Autore, ma è anche uno strumento di potere.

Quali sono le cause e quali le conseguenze di questa prevalenza dell'avversione per l'altro?

Le attuali comunità umane, specie nel mondo occidentale, più esposto alle trasformazioni, hanno cambiato la propria antropologia. Sono passate dalla dimensione antropologica della società alla dimensione antropologica della tribù.

La società prevede la coesistenza dei diversi, determinata da relazioni ispirate al reciproco rispetto e al sentimento di far parte di un destino comune.

La tribù, in senso moderno, è un gruppo di dimensioni varie, i cui membri parlano lo stesso linguaggio, hanno consapevolezza di costituire un organismo sociale ben definito, politicamente coerente, con interessi condivisi, con proprie scelte etiche e di costume. Ciascuna di queste tribù confida nel proprio primato politico, morale e sociale. Proprio per queste ragioni tra loro non intercorrono relazioni di buon vicinato; più spesso intercorrono relazioni di reciproca sopportazione, costantemente sull'orlo di una crisi di nervi.

Lo sgretolamento delle originarie società plurali in tribù monistiche è stato favorito dai processi di reintermediazione digitale, attraverso i quali le piattaforme hanno sostituito i tradizionali mediatori sociali. I vecchi mediatori – partito, associazione, sindacato – si presentavano come tali sulla scena pubblica, erano scalabili, avevano statuti conoscibili. I nuovi mediatori non si presentano come tali, non sono scalabili, non hanno visibili statuti.

Le piattaforme digitali orientano la nostra vita quotidiana in misura maggiore rispetto ai corpi intermedi tradizionali. Conoscevo l'indirizzo, il numero di telefono, i dirigenti e gli addetti del mio partito, del mio sindacato, della mia associazione. Potevo mettere in discussione le loro leadership e potevo concorrere alla designazione di nuove leadership. Essi tutti insieme costituivano poli di aggregazione, matrici identitarie, reti di sostegno. Oggi questi corpi intermedi sono in difficoltà perché non riescono a reggere le trasformazioni sociali. Il vuoto è stato occupato dalle piattaforme digitali, che sono i nuovi mediatori del XXI Secolo. I proprietari di queste piattaforme sono potenze planetarie. Microsoft, Google, Amazon (per citare le più grandi) controllano il 64% del mercato cloud infrastrutturale. Microsoft ha circa il

90% dei sistemi operativi per server e PC e gestisce Office, che è il pacchetto software più diffuso al mondo. Il 92% delle nostre caselle di posta elettronica è gestito da Microsoft, Apple, Google. Nel 1990 le prime cinque imprese USA in termini di capitalizzazione erano IBM, Exxon, General Electric, AT&T, Philip Morris. Nel 2020 erano Apple, Microsoft, Amazon, Alphabet, Facebook, tutte aziende del digitale. Nello stesso anno, inoltre, ciascuna delle cinque maggiori compagnie tecnologiche valeva più delle 76 maggiori società energetiche messe insieme. Viviamo in un oligopolio che ha nelle sue mani persone, imprese, istituzioni, Stati. Se quelle potenze premessero l'interruttore, il mondo si fermerebbe. Questa è la loro forza. Chi governa l'ambiente digitale ha la possibilità di decidere non solo cosa compriamo, ma anche cosa pensiamo e come ci orientiamo nel mondo. I flussi di pensiero collettivo pilotati attraverso i social media contano più delle intelligenze individuali. L'effetto più preoccupante è la costituzione di camere ad eco, ambienti digitali che riproducono continuamente il nostro pensiero, come se vivessimo immersi in una perenne eco dei nostri pensieri, desideri, aspirazioni. Le camere ad eco sono determinate innanzitutto da scelte personali, perché il consumatore digitale consulta prevalentemente notizie che corrispondono a quello che pensa, tende a iscriversi soltanto a luoghi online affini alle proprie idee. Gli algoritmi, inoltre, propongono preferibilmente notizie affini alle scelte effettuate e ai post dei gruppi o delle persone con le quali ciascuno interagisce.

Leggendo notizie sempre affini al proprio pensiero, questo consumatore si convince della bontà delle proprie idee e di quelle dei propri interlocutori abituali; conseguentemente il gruppo si trasforma in tribù e lascia poco spazio all'apertura verso opinioni diverse.

Una delle più vistose conseguenze del prevalere delle tribù è la diffusione dello sdegno, il risentimento misto a disprezzo, nei confronti dell'altro.

Si è soliti definire questo comportamento come "indignazione", ma forse il termine è improprio perché, nella storia, l'indignazione ha generato, oltre al ripudio dei comportamenti incivili e dei loro autori, mobilitazione collettiva, attenzione per le vittime, impegno per il cambiamento. Invece nelle nostre tribù si manifestano piú spesso altri sentimenti: disprezzo degli altri e orgoglio di sé, cioè sdegno. L'indignato critica e si mobilita, lo sdegnato disprezza e si rinchiude nella propria camera digitale. L'indignato si rivolge contro l'idea che ha ispirato l'abuso; lo sdegnato attacca chi ha commesso l'abuso. I confini sono certamente sottili e i due sentimenti possono convivere. Ma non bisogna confonderli. L'indignazione è un sentimento prevalentemente positivo perché è proiettato verso il cambiamento. Al contrario lo sdegno porta all'insulto, al turpiloquio, a un senso di assoluta prevalenza sugli "altri", considerati incapaci e inferiori. L'indignato porta con sé una componente razionale perché riconosce la complessità dei problemi. Invece lo sdegnato si rivolge contro tutto ciò che è fuori della tribù, perché ritiene che i problemi siano semplici, ma resi complessi dalla corruzione e dall'incapacità degli appartenenti alle tribù avversarie.

Le rancorose rivolte dello sdegno non risolvono alcun problema; promuovono un azzeramento senza riflessione, un apparente nuovo inizio che separa solo formalmente il vecchio dal nuovo, e invece costituisce un varco sotterraneo attraverso il quale le cattive pratiche passano da una fase all'altra della storia del Paese. La rivolta rancorosa suscita spesso consenso, ma provoca illusioni, che rendono piú amaro il calice quando è passata l'ebbrezza.

L'intolleranza appartiene al fenomeno della costruzione del nemico; gruppi organizzati in tribù individuano un bersaglio per consolidare i legami sociali, dirottare l'attenzione dai problemi interni, rafforzare il convincimento della ineluttabilità delle proprie convinzioni, mobilitare le forze verso un obbiettivo facilmente individuabile. Nel corso dei secoli, la costruzione come nemico del cristiano, dell'ebreo, dell'islamico, dello zingaro, dell'immigrato, del dissidente, dell'oppositore ha costituito, ogni volta, una pratica tanto indegna quanto diffusa, per polarizzare l'attenzione dell'opinione pubblica su comodi bersagli, distraendola dalla realtà.

Il libro di Mario Caligiuri ci invita a studiare, dopo l'antica costruzione del nemico, la costruzione della intolleranza come nuovo sofisticato strumento di orientamento dei comportamenti e di dominio delle intelligenze.

Luciano Violante

PREMESSA

Da alcuni decenni si sta facendo strada la cultura del contrasto all'intolleranza e alle discriminazioni, cogliendo evidenti tendenze in atto nella società. Non a caso, sull'argomento aumenta l'attenzione istituzionale nazionale ed europea.[1]

Può essere particolarmente utile riflettere su questo tema di grande attualità, interpretandolo alla luce degli studi di intelligence e utilizzando differenti livelli di lettura: storico e culturale, interpretativo e predittivo.

Chiariamo che con il termine intelligence si identificano tre aspetti diversi: un apparato (i cosiddetti Servizi segreti), un metodo (la trattazione delle informazioni) e una funzione (il complesso delle attività di raccolta, analisi e diffusione dei dati)[2].

---

[1] Tra queste, COMMISSIONE EUROPEA, *Un'Unione dell'uguaglianza: Il piano d'azione dell'UE contro il razzismo 2020-2025*, 18.9.2020, https://eur-lex.europa.eu/legal-content/IT/TXT/PDF/?uri=CELEX:52020DC0565.

[2] M. CALIGIURI, *Intelligence*, in "Enciclopedia Italiana", X Appendice, Volume I,

Per essere compresi, i fenomeni vanno interpretati nella loro autentica natura che è quella culturale. Ma la cultura oggi si identifica non soltanto nella conoscenza del passato quanto nella capacità di prevedere l'avvenire.

Probabilmente a partire dall'attentato alla redazione parigina del giornale satirico "Charlie Hebdo" del 7 gennaio 2015, l'intelligence ha subìto una trasformazione culturale, in conseguenza di una diversa percezione dell'opinione pubblica: da luogo oscuro del potere a struttura indispensabile per la difesa delle democrazie; da sistema per prevenire gli accadimenti a criterio per interpretare la complessità del reale; da strumento esoterico per specifici settori dello Stato a metodo per tutti i cittadini, soprattutto per difendersi dalla disinformazione.[3]

Ogni fatto e tendenza vengono inevitabilmente amplificati dalla Rete, sia negli aspetti positivi (la diffusione della conoscenza e dei contatti) che in quelli negativi (l'illusione della conoscenza e l'inesistenza della privacy), in un contesto distinto dall'eccesso informativo, dalla profilazione e dal controllo.[4]

Si propone una lettura laterale del fenomeno dell'intolleranza e dell'odio, attraverso l'intelligence intesa come metodo per individuare e contestualizzare le informazioni rilevanti, in funzione interpretativa e predittiva.

Dopo avere introdotto il fenomeno dell'*hate speech*, illustrerò in che modo il Parlamento italiano sta affrontando il tema dell'intolleranza, contestualizzandolo poi dal punto di vista storico e culturale attraverso la teoria fondante del capro espiatorio. Dopo

Istituto Treccani, Roma 2020, pp. 791-795.

3   M. CALIGIURI, *Come i pesci nell'acqua. Immersi nella disinformazione,* Prefazione di Luciano Floridi, Rubbettino, Soveria Mannelli 2019.

4   S. ZUBOFF, *Il capitalismo della sorveglianza. Il futuro dell'umanità nell'era dei nuovi poteri,* LUISS University Press, Roma 2019.

avere esposto le dinamiche del disagio sociale, approfondirò il centrale fattore educativo per approdare al cuore della pubblicazione in cui si interpreta l'intolleranza come strumento di potere. Di conseguenza, esaminerò questo fenomeno orientato al campo di battaglia definitivo rappresentato dal controllo della mente, per concludere illustrando quanto accade nella società italiana, che costituisce un significativo spaccato del mondo occidentale. E ponendo il vero tema già all'orizzonte che è quello dell'ingiustizia sociale.

CAPITOLO I

IL FENOMENO
DELL'*HATE SPEECH*

Ogni fenomeno sociale si diffonde attraverso il linguaggio che oggi viene amplificato dal web, nel bene e nel male. Questo vale anche per la crescente dimensione dell'intolleranza.

In tale quadro assume rilievo assoluto l'*hate speech*, insieme di parole e atteggiamenti che incitano alla violenza, all'odio e all'intolleranza verso i diversi da sé. Tale complesso di fattori, secondo me, andrebbe interpretato non quale semplice fenomeno storico, ma, per come si spiegherà meglio, quale elemento fondante delle attuali dinamiche sociali.

Basta assistere una sera a qualsiasi talk show televisivo italiano per verificare come gli scontri siano sempre frontali, al fine di coltivare fedeli, mentre nei tg le dichiarazioni degli esponenti politici e istituzionali sembrano "pagine di pubblicità".[5]

---

5   Jacques Séguéla riportato da R. DEBRAY, *Lo Stato seduttore. Le rivoluzioni mediologiche del potere*, Editori Riuniti, Roma 2003.

Per cui lo strumento dell'intolleranza e dell'odio, dell'appartenenza religiosa ed etnica sono armi retoriche,[6] utilizzate sempre di più nel dibattito pubblico contemporaneo, condizionato dalla retorica e dalla manipolazione informativa.

Infatti, occorre approfondire sotto questa luce il ruolo dei media, non solo i social ma anche quelli tradizionali.

I primi sono contrassegnati sempre di più dall'intelligenza artificiale, basata su algoritmi che analizzano, orientano e predicono i comportamenti umani,[7] mentre i secondi in modo evidente sono sempre più la voce del padrone e sempre di meno il cane da guardia della democrazia.[8]

Un fenomeno così generale come l'intolleranza e l'odio, che ha sempre scandito la storia del mondo, dobbiamo contestualizzarlo andando oltre i confini territoriali e culturali.

Combinate con il crescente disagio sociale,[9] le dinamiche dell'odio possono fare emergere e consolidare atteggiamenti razzisti, posizioni intolleranti, discriminazioni pubbliche e private e altri fenomeni di questo tipo che nel prossimo futuro si manifesteranno in forme più sottili e sconosciute, determinando

---

6   M. THOMPSON, *La fine del dibattito pubblico. Come la retorica sta distruggendo la lingua della democrazia*, Feltrinelli, Milano 2017.

7   R. CURCIO, *L'algoritmo sovrano. Metamorfosi identitarie e rischi totalitari nella società artificiale*, Sensibili alle foglie, Roma 2018.

8   Sulla manipolazione mediatica a livello globale vedi N. CHOMSKY, E.S. HERMAN, *La fabbrica del consenso*, Tropea, Milano 1998; N. CHOMSKY, *La democrazia del grande fratello*, Piemme, Casale Monferrato 2005; G. VIDAL, *Se controlli i media è fatta*, (Interviste di Giulietto Chiesa e The Real News), Datanews, Roma 2008. A livello nazionale, P. BIANCHI, S. GIANNINI, *La repubblica delle marchette. Chi e come della pubblicità occulta*, Stampa Alternativa, Viterbo 2004; CENTRO NUOVO MODELLO DI SVILUPPO, *I mercanti della notizia. Guida al controllo dell'informazione in Italia*, Emi, Bologna 2011; F. SGAGGIO, *Il Paese dei buoni e dei cattivi. Perché il giornalismo, invece di informarci, ci dice da che parte stare*, Minimum Fax, Roma 2011.

9   COMITATO INVISIBILE, *L'insurrezione che viene. Ai nostri amici. Adesso*, Nero, Roma 2019.

imprevedibili conseguenze sociali. Appunto per questo diventa determinante il fattore pedagogico,[10] chiamando in causa gli educatori e l'importanza delle parole per dare un significato a quanto ci circonda.[11]

È significativo osservare che sull'*hate speech* la Corte Europea dei Diritti dell'Uomo ha "evitato una definizione precisa del fenomeno (nel timore che ciò limitasse il proprio futuro raggio d'azione)";[12] in questo modo, però, ha alimentato ambiguità, poiché, se incerta è la definizione, incerto sarà soprattutto il contrasto.

---

10   Nell'istituzione della Commissione per il contrasto all'intolleranza non c'è alcun riferimento all'educazione. Vedi *Mozione istitutiva "Commissione straordinaria per il contrasto dei fenomeni di intolleranza, razzismo, antisemitismo e istigazione all'odio e alla violenza"*, 30.10.2019, https://www.senato.it/documenti/repository/commissioni/antidiscriminazioni18/ Mozione_1_136_Istituzione_Commissione_antidiscriminazioni.pdf.

11   V. GHENO, *Potere alle parole. Perché usarle meglio*, Einaudi, Torino 2019.

12   *Mozione istitutiva "Commissione straordinaria per il contrasto dei fenomeni di intolleranza, razzismo, antisemitismo e istigazione all'odio e alla violenza"*, cit.

Capitolo 2

L'INTOLLERANZA SI
STUDIA IN PARLAMENTO

Il fenomeno dell'intolleranza ha assunto dimensioni tali che il Parlamento italiano ha istituito un'apposita Commissione nel 2019,[13] qualificata dall'averne affidato la guida a un senatore a vita con la storia di Liliana Segre, che ha vissuto la tragedia dell'olocausto.[14]

Può essere interessante soffermarsi sui contenuti della Mozione istitutiva della Commissione, dai quali scaturiscono alcune riflessioni, che provo brevemente a elencare, tenendo conto della prospettiva degli studi sull'intelligence.

Prima di tutto occorre riflettere sulle cause delle discriminazioni piuttosto che sugli effetti, altrimenti si corre il rischio di rimanere superficiali in un contesto in cui la Rete è diventata inevitabilmente

---

13   *Mozione istitutiva "Commissione straordinaria per il contrasto dei fenomeni di intolleranza, razzismo, antisemitismo e istigazione all'odio e alla violenza"*, cit.

14   Tra gli altri, L. SEGRE, *La sola colpa di essere nati*, (con Gherardo Colombo), Garzanti, Milano 2021.

il prevalente luogo sociale dell'odio.

Pertanto, è importante verificare le dinamiche che vengono prima della Rete, che non possono essere l'alibi o la spiegazione di limiti politici ed educativi, portando a indagare gli aspetti familiari e sociali, che spesso vengono considerati come scontati o del tutto trascurati.

Di conseguenza, occorrerebbe assumere consapevolezza che l'*hate speech* non rappresenta un semplice accadimento che si manifesta costantemente nel corso della storia.

Infatti, c'è un passato che non passa, come dimostra per esempio il "Protocollo degli anziani savi di Sion", che ipotizza un complotto ebraico mondiale e che viene ancora considerato autentico da parte di alcune nazioni.[15]

Il tema determinante è esaminare l'importanza delle parole. Tra le tante ricordiamo la campagna sociale "Anche le parole uccidono", avviata nel 2014 dall'Agenzia Armando Testa per circa duecento testate cattoliche, tra cui "Avvenire" e "Famiglia Cristiana", che ha visto il coinvolgimento di 10 mila istituzioni tra scuole, parrocchie e oratori.

Inoltre, è importante controllare gli esiti delle iniziative governative, come per esempio le attività della Commissione istituita presso la Presidenza del Consiglio dei ministri per sensibilizzare i giovani a contrastare l'odio diffuso on line, delle quali non si si sono avute particolari informazioni.

Nel 2015 la Commissione per i diritti e i doveri in internet costituita presso la Camera dei deputati ha elaborato la Dichiarazione dei diritti di internet che intende rappresentare uno "strumento indispensabile per dare fondamento costituzionale a

---

15   In tanti Paesi, dall'Iran al Giappone. Per un inquadramento storico e culturale, vedi S. ROMANO, *I falsi protocolli. Il "complotto ebraico" dalla Russia di Nicola II a oggi*, Corbaccio, Milano 1992.

principi e diritti [fondati] sul pieno rispetto della dignità, della libertà, dell'eguaglianza e della diversità di ogni persona, che costituiscono i principi in base ai quali si effettua il bilanciamento con altri diritti".[16]

In particolare, si precisa che "deve essere garantita la tutela della dignità delle persone da abusi connessi a comportamenti quali l'incitamento all'odio, alla discriminazione e alla violenza".[17]

Diventa poi significativo analizzare l'attuale concetto di normalità. Da ricordare che nella primavera del 2020 su un palazzo di Santiago del Cile durante la pandemia campeggiava un enorme cartello con questa scritta: "*No volveremos a la normalidad porque la normalidad era el problema*".[18]

Un argomento spesso trascurato in materia di odio, sono le persecuzioni religiose verso i cristiani che avvengono in tante parti del mondo.[19] Il Paese più pericoloso è l'Afghanistan e, tra i primi dieci, otto sono nazioni dalla prevalente fede islamica.[20]

Pertanto, non è affatto irrilevante inquadrare il fenomeno del negazionismo, a cominciare da quello sul genocidio, alla luce delle considerazioni di Hannah Arendt sulla scomparsa della verità, che finisce per condizionare tutti i campi del dibattito pubblico.[21]

---

16   COMMISSIONE PER I DIRITTI E I DOVERI IN INTERNET, *Dichiarazione dei diritti di internet*, 14 luglio 2015, https://www.camera.it/application/xmanager/projects/leg17/commissione_internet/dichiarazione_dei_diritti_internet_pubblicata.pdf. Vedi anche A. MASERA, G. SCORZA, *Internet, i nostri diritti*, Laterza, Roma-Bari 2016.

17   COMMISSIONE PER I DIRITTI E I DOVERI IN INTERNET, *Dichiarazione dei diritti di internet, cit.*, articolo 13, comma 2.

18   "Non torneremo alla normalità, perché la normalità era il problema".

19   *Sono 360 milioni i cristiani perseguitati nel mondo*, 20.1.2022, http://www.vita.it/it/article/2022/01/20/sono-360-milioni-i-cristiani-perseguitati-nel-mondo/161622/

20   Si tratta di Afghanistan, Corea del Nord, Somalia, Libia, Yemen, Eritrea, Nigeria, Pakistan, Iran, India e Arabia Saudita.

21   H. ARENDT, *Verità e menzogna. Riflessioni sui "Pentagon Papers"*, Marietti, Genova 2006.

Di fronte a fenomeni riportati con sempre maggiore risalto dai media come il femminicidio, è necessario affrontare il tema dell'orientamento sessuale, dell'identità di genere o di altre particolari condizioni fisiche o psichiche alla luce della fluidità della società digitale che rende tutto più indefinito: vero/falso, legale/illegale, notte/giorno, lavoro/riposo, festivo/feriale, uomo/donna.

Infine, è importante accelerare l'attuazione delle normative internazionali. A riguardo va ricordato che la Convenzione dell'ONU sull'eliminazione di tutte le forme di discriminazione razziale del 1966 in Italia venne recepita soltanto nel 1975.[22]

Nel giugno del 2022 la Commissione sull'intolleranza ha approvato una relazione in cui si specifica che "l'istigazione all'odio non ha niente a che fare con la libertà di espressione, anzi ne è la negazione [auspicando] un intervento normativo per una definizione di discorsi d'odio, che permetta di contrastare efficacemente un fenomeno che può erodere le basi della nostra democrazia".[23]

---

22   Legge 13 ottobre 1975, n. 654.

23   COMMISSIONE STRAORDINARIA PER IL CONTRASTO DEI FENOMENI DI INTOLLERANZA, RAZZISMO, ANTISEMITISMO E ISTIGAZIONE ALL'ODIO E ALLA VIOLENZA, *Relazione sull'attività svolta dalla Commissione negli anni 2021 e 2022*, 22 giugno 2022, https://www.senato.it/japp/bgt/showdoc/frame.jsp?tipodoc=SommComm&leg=18&id=1355283&part=doc_dc-allegato_a:1#_ftn372.

Capitolo 3

LA CONTESTUALIZZAZIONE STORICA E CULTURALE

Secondo me, alla base del fenomeno dell'intolleranza c'è la radice che fonda la cultura dell'Occidente: il meccanismo vittimario del capro espiatorio che ha origini ebraiche e che poi si trasferisce nella visione cristiana. Gesù si immola per mondare i peccati dell'umanità. Lo ha spiegato René Girard in *Delle cose nascoste sin dalla fondazione del mondo,* un volume del 1978 che provocò grande clamore. Il titolo richiama le cose ultime, a cui fa riferimento il Vangelo di Matteo, e che «sono nascoste sin dalla fondazione del mondo».[24] E si tratta di cose nascoste proprio perché stanno davanti agli occhi di tutti.

La logica del capro espiatorio non è un'esclusiva dell'Occidente, dove si è concretizzata non solo nella secolare persecuzione degli ebrei, culminata con l'orrore della Shoah, ma che si è

---

[24] R. GIRARD, *Delle cose nascoste sin dalla fondazione del mondo,* Adelphi, Milano 1996.

anche manifestata con la caccia alle streghe, che, nella lettura di Giorgio Galli, poteva inquadrarsi nella tradizione del pensiero "alternativo" che influenza le decisioni politiche e quindi gli sviluppi storici.[25] Come vanno ricordati, tra gli altri, l'eccidio degli armeni e l'istigazione alla paura, se non l'incitazione all'odio verso stranieri, omosessuali, rom, immigrati, devianti, emarginati e persone affette da disturbi mentali.

Oggi potremmo sostenere che l'odio deliberatamente veicolato contro il diverso rappresenta, come verrà detto meglio successivamente, un vero e proprio strumento per conquistare e consolidare il consenso facendo leva sul disagio sociale.

La storia dimostra come il capro espiatorio verso cui indirizzare l'odio sia Stato di volta in volta individuato in maniera cinicamente lucida, sfruttando paure e pregiudizi radicati nella società, al fine di conquistare e gestire il potere.

Per quanto socialmente inaccettabile, l'utilizzo dell'odio come "strumento di potere" è dunque una minaccia che assume rilevanza concreta nella prospettiva di una analisi d'intelligence. E un simile rischio va inquadrato nella logica delle radicali trasformazioni sociali di questo secolo.

---

25   G. GALLI, *Occidente misterioso. Baccanti, gnostici, streghe: i vinti della storia e la loro eredità*, Rizzoli, Milano 1987.

Capitolo 4

LE DINAMICHE DEL DISAGIO SOCIALE

Oltre ai fattori storici e culturali, l'odio, le discriminazioni, l'intolleranza hanno tutti un'origine precisa: il disagio sociale, che si manifesta in modi disparati.[26]

Il disagio sociale a sua volta prende spunto quasi sempre dalle ingiustizie, alcune delle quali sono strutturali, e che, a livello individuale, familiare, sociale e nazionale, determinano precisi rapporti di potere.[27]

Nella società contemporanea prevalgono ancora di più i comportamenti emotivi e irrazionali, inevitabilmente amplificati dalla Rete, che è il principale luogo sociale ed educativo del nostro tempo. Ennesimo sintomo dell'effetto "sciame" assecondato dal web, per cui ondate di consenso o di indignazione come

---

26   Molto interessante è la tesi di laurea di G. UTILI, *Il disagio sociale, tra ordine pubblico e sicurezza nazionale,* Università di Udine, Anno Accademico 2021/2022.

27   E. FERRAGINA, *Chi troppo chi niente,* Chiarelettere, Milano 2013.

rapidamente si innalzano così rapidamente scompaiono.[28]

Nella globalizzazione si richiedono decisioni veloci. Le modalità di selezione delle élite nei Paesi democratici producono scelte pubbliche che risultano spesso incerte nel fronteggiare l'emergenza dei problemi sociali, dall'ambiente alla disoccupazione, dalla criminalità all'intolleranza.[29]

A livello mondiale, le cause del disagio sociale sono molteplici: dall'immigrazione alla diminuzione della capacità di acquisto in Occidente, dalla prevalenza del lavoro precario su quello stabile all'espansione dell'intelligenza artificiale, dalla trasformazione del potere alla guerra cognitiva basata sulla disinformazione.[30]

Negli ultimi secoli stiamo assistendo a una sempre maggiore accelerazione dei processi sociali, poiché le innovazioni tecnologiche sempre più rapide aumentano la difficoltà di adattamento biologico delle persone. Alvin Toffler sosteneva che negli ultimi 50.000 anni si sono alternate sul pianeta circa 800 generazioni. Di queste, 650 sono vissute nelle caverne, mentre solo da pochi secoli conosciamo la stampa, l'esatta misurazione del tempo e il motore a scoppio.[31]

Internet rappresenta solo l'ultima tappa di processi sociali sempre più veloci. Pertanto, le innovazioni tecnologiche superano di gran lunga la nostra capacità di comprenderle.[32]

28   L'effetto "sciame" viene descritto da Z. BAUMAN, *Conversazioni sull'educazione*, (con R. Mazzeo), Erikson, Trento 2012, p. 88 e da B.-C. HAN, *Nello sciame. Visioni del digitale*, nottetempo, Milano 2015, p. 83.

29   D. BELL, *Il modello Cina. Meritocrazia politica e limiti della democrazia*, LUISS University Press, Roma 2019.

30   M. CALIGIURI, *La rivoluzione dietro l'angolo. Come il disagio sociale digitale minaccia la sicurezza nazionale*, Allegato a "Formiche", dicembre 2019.

31   A. TOFFLER, *Lo choc del futuro*, Rizzoli, Milano 1971.

32   La *Legge di Moore* prevedeva che l'aumento della potenza dei microprocessori raddoppiasse ogni diciotto mesi, mentre oggi secondo la *Legge di Dally* il numero dei transistor si può aumentare di quattro volte ogni tre anni.

Una parte consistente dell'umanità vive le passioni tristi, che mentre per Baruch Spinoza si superavano nella dimensione sociale adesso si alimentano a dismisura proprio attraverso i social, determinando la solitudine del cittadino globale.[33]

Infatti, stiamo assistendo a una evidente dilatazione del disagio nella società, tanto che aumentano i disturbi psicologici e psichiatrici.[34] Siamo consumatori di immagini e parole, servizi e prodotti ventiquattro ore al giorno,[35] incrementando volontariamente l'economia della Rete, costruita per creare dipendenze e quindi disagi.[36]

Pensiamo a fenomeni estremi come gli hikikomori,[37] oppure in espansione come il cyberbullismo, le cybermolestie[38] o il *revenge porn*.[39] A proposito di quest'ultimo, i siti porno sono molto frequentati. C'è un esempio curioso, rappresentato dalla propaganda elettorale su siti hard da parte di Joachim B. Olsen, olimpionico danese diventato deputato nel 2001 con 1.932 preferenze e confermato nel 2015 con 4.259 voti. Nella campagna elettorale del 2019 per il rinnovo del Folketing ha fatto pubblicità

33 Z. BAUMAN, *La solitudine del cittadino globale*, Feltrinelli, Milano 1998.

34 Vedi M. BENASAYAG, G. SCHMIT, *L'epoca delle passioni tristi*, Feltrinelli, Milano 2008 e J.M. TWENGE, *Iperconnessi. Perché i ragazzi oggi crescono meno ribelli, più tolleranti, meno felici e del tutto impreparati a diventare adulti*, Einaudi, Torino 2018.

35 J. CRARY, *24/7. Il capitalismo all'assalto del sonno*, Einaudi, Torino 2015.

36 S.M. WEINSCHENK, *Neuro web design. L'inconscio ci guida nel web*, Apogeo, Milano 2010. Sulle conseguenze del web, vedi M. GRANDI, *Far Web. Odio, bufale, bullismo. Il lato oscuro dei social*, Rizzoli, Milano 2017.

37 Il termine proviene dal giapponese e significa "stare in disparte". Tra gli studi italiani, vedi C. RICCI, *La volontaria reclusione. Italia e Giappone: un legame inquietante*, Aracne, Roma 2014.

38 G. ZICCARDI, *L'odio online. Violenza verbale e ossessioni in rete*, Cortina, Milano 2016.

39 M. HALL, J. HEARN, *Revenge Pornography: Gender, Sexuality and Motivations*, Taylor & Francis Ltd, Abingdon 2017.

sul sito pornhub.[40]

Di fronte a critiche copiose, ha dichiarato: "Bisogna stare dove sono i cittadini".[41] Olsen comunque non è nuovo a pesanti equivoci nell'utilizzo del web.[42] Infatti, alle Olimpiadi di Sydney del 2000 accusò falsamente in una chat il vincitore della medaglia d'oro del lancio del peso, il finlandese Arsi Harju, di essere risultato positivo all'antidoping. Per questa ragione il Comitato Olimpico lo rimpatriò prima del termine dei giochi. Si difese affermando: "Non potevo prevedere che le mie dichiarazioni avrebbero provocato uno scandalo. Ho sottovalutato la Rete, ma sono stato ingenuo: in realtà non sapevo esattamente quello che stavo facendo".[43]

La giustificazione di non essere consapevole delle proprie azioni, al di là della leggerezza individuale, ha un valore universale. Infatti, come sostiene Günther Anders, nel mondo delle macchine siamo sempre meno consapevoli e responsabili delle nostre azioni e delle nostre scoperte, come dimostrano l'olocausto e la bomba nucleare.[44]

In ogni caso, da più parti si sostiene che l'uso massiccio delle

---

40   Pornhub è uno dei siti porno più famosi del mondo.

41   La propaganda elettorale di Joachim Olsen era rappresentata da un manifesto con il suo nome e la sua faccia e la scritta "Når du er færdig med at gokke, så stem på Jokke", che tradotto significa: *"Quando finisci di masturbarti, vota per Jokke". Candidato danese lancia la campagna elettorale su Pornhub: «Bisogna stare dove sono i cittadini»*, 15.5.2019, https://www.open.online/2019/05/15/candidato-danese-lancia-la-campagna-elettorale-su-pornhub-bisogna-stare-dove-sono-i-cittadini/.

42   Quanto scritto da «Negli ultimi secoli [...]» a pagina 32 fino a questo punto è una sostanziale riproposizione di un mio precedente testo contenuto in M. CALIGIURI, *Il disagio sociale digitale: da problema di ordine pubblico a questione di sicurezza nazionale*, in U. GORI, D. VERNON DE MARS (a cura di), *Cyber Warfare 2019-2020. Dall'evoluzione della Warfare alla resilienza al Covid-19*, Angeli, Milano 2021, pp. 82-84.

43   L. WERGE, *Joachim sendt hjem - Mit livs dumhed*, Bt.dk, 30 settembre 2000, in https://www.bt.dk/nyheder/joachim-sendt-hjem-mit-livs-dumhed.

44   G. ANDERS, *Noi figli di Eichmann*, Giuntina, Firenze 2018.

tecnologie stia trasformando in modo imprevedibile la struttura cerebrale degli esseri umani, poiché internet rappresenta "una tecnologia che interferisce con la capacità di mantenere l'attenzione, sempre più frammentata dal flusso di informazioni, e con la memoria, che si trasferisce su supporti elettronici al di fuori della scatola cranica. Ma anche con le relazioni sociali, soprattutto a causa dei social network. Molti studiosi ritengono che tali trasformazioni possano indurre cambiamenti strutturali in specifiche aree cerebrali. Alterazioni che potrebbero essere solo l'inizio di un processo dalle proporzioni imprevedibili".[45]

Tutto questo sembra determinare una società delle apparenze così descritta da Ignacio Ramonet: "Lo Stato è diventato da qualche anno uno dei migliori clienti delle agenzie di pubblicità e gli sono riservati d'ufficio tempi di trasmissione e tariffe preferenziali. Gli spot statali passano per ultimi per meglio restare nella memoria volubile dei cittadini. Mediante questi spot, gli Stati tentano di persuadere i telespettatori-cittadini che si stanno preoccupando del loro benessere, della loro salute e della loro qualità della vita. In effetti, mascherano spesso un'evidenza: in realtà (a un minor costo finanziario ma non politico), alcune decisioni potrebbero davvero prenderle. Da questo punto di vista, gli spot non propongono che ipocrisia e gli Stati così confermano che viviamo davvero in una «società delle apparenze».[46]

---

45   *"Meno ricordi, più distrazioni: così Internet ci sta cambiando il cervello"*, 3.7.2019, https://www.corriere.it/salute/neuroscienze/19_luglio_02/meno-ricordi-piu-distrazioni-cosi-internet-ci-sta-cambiando-cervello-773db2a4-9ce9-11e9-b87c-e5d25052c984.shtml.

46   I. RAMONET, *Propagande silenziose*, Asterios, Trieste 2002, p. 47. Inoltre, sono molto importanti le osservazioni di Laurence Bardin secondo la quale "la pubblicità [di Stato] è il segnale che stiamo entrando nella società dei fantasmi. Si vede qualcosa che deve essere fatto – l'integrazione degli immigrati, per esempio – e si pensa che sia già stato realizzato solo perché lo si è visto. Non si cerca più di agire sulla realtà ma sulle immagini". Citato da D. PELERIN, *La publicité qui ne vend rien*, in "Telerama", 25.6.1980, riportato in I. RAMONET, *Propagande silenziose*, cit., p. 47.

In questo modo, si determina una sconnessione profonda tra passato, presente e futuro, sia a livello personale che come comunità e nazioni. Infatti, se non riusciamo a superare ed elaborare i traumi del passato, viviamo con disagio il presente e di conseguenza non siamo in grado di pianificare il domani.[47]

Pertanto, se a livello individuale abbiamo delle vite irrisolte, non riusciamo a esprimere le nostre potenzialità e perdiamo il senso della visione. Nello stesso modo, a livello sociale le comunità restano ancorate a un passato che non fa comprendere la realtà e rende incapaci di progettare l'avvenire.

Per esempio, in Italia – se non superiamo le fatture provocate dall'Unità, dal fascismo, da tangentopoli – non riusciamo a valorizzare le enormi potenzialità nazionali, soprattutto quelle del Mezzogiorno. Oggi siamo profondamente sconnessi, immersi in un eterno e indistinto presente del quale non riusciamo a cogliere le ombre della superficie. È un senso di spaesamento provocato dalle tecnologie che hanno annullato le distanze, conducendoci oltre il senso del luogo.[48]

Pertanto, riecheggiando Karl Marx e Friedrich Engels che nel 1848 così introducono *Il Manifesto del partito comunista*: "Uno spettro si aggira per l'Europa: lo spettro del comunismo",[49] adesso per analogia potremmo sostenere che "Uno spettro si aggira per l'Occidente: lo spettro della crisi della democrazia che genera disagio sociale".

Un segnale debole da tenere nella massima considerazione nel

---

47   E. BORGNA, *L'arcipelago delle emozioni*, Feltrinelli, Milano 2001.

48   J. MEYROWITZ, *Oltre il senso del luogo. L'impatto dei media elettronici sul comportamento sociale*, Baskerville, Bologna 1995.

49   K. MARX, F. ENGELS, *Il Manifesto del partito comunista*, Silvio Berlusconi Editore, Milano 1998. La traduzione è di Lucio Caracciolo e l'introduzione di Lucio Colletti. L'edizione originale in lingua tedesca è del 1848.

prossimo futuro è che gli insulti virtuali verso i rappresentanti del potere si possano trasformare in realtà.

Evidenzio, infatti, due episodi che possono risultare emblematici. Il primo esempio riguarda il premier canadese Justin Trudeau: "In Canada, capita sempre più spesso che i politici vengano insultati e aggrediti di persona, oltre che sul web [come accaduto a] Trudeau che durante la campagna elettorale per le ultime elezioni federali è stato colpito da alcuni frammenti di ghiaia lanciati dai No-vax".[50]

Il secondo caso riguarda "il governatore della Banca di Francia François Villeroy de Galhau [che] a fine giugno del 2022 a Basilea è stato vittima di un'aggressione sferrata con un martello [...]. L'aggressore è un 39enne svizzero che attualmente si trova in detenzione preventiva".[51] Assai interessante è il commento finale della notizia di agenzia in cui si riporta che "La Corte [del Tribunale cantonale] – secondo quanto si legge sulle testate Tamedia – non esclude l'esistenza di disturbi mentali, poiché nel corso dell'interrogatorio vi sono stati comportamenti giudicati strani".[52]

Si tratta di casi isolati, ma che potrebbero preludere a rivolte su più vasta scala. Osserva Donatella Di Cesare: "La rivolta va considerata per se stessa, nella sua autonomia, nella sua esasperata esperienza nel tempo. Se la rivoluzione prepara il domani, la rivolta evoca il dopodomani. È dunque un istante di folgorante conoscenza, perché può dischiudere uno squarcio sul futuro. Di qui la sua inattualità".[53]

---

50   F. MERLI, *Canada, politici sotto assedio*, "Italia Oggi", 15.9.22, p. 12.

51   *Basilea: aggredito con un martello governatore Banca di Francia*, 28.9.2022, https://www.swissinfo.ch/ita/basilea--aggredito-con-un-martello-governatore-banca-di-francia/47936528.

52   *Ibidem.*

53   D. DI CESARE, *Il tempo della rivolta*, Bollati Boringhieri, Torino 2020, p. 53.

Capitolo 5

IL FATTORE EDUCATIVO

Il fattore educativo è un aspetto fondamentale. Nella *Mozione istitutiva* della Commissione parlamentare italiana nel 2019 questo aspetto non è stato evidenziato, a differenza della relazione conclusiva del 2022 dove più volte si fa riferimento all'educazione, soprattutto nella dimensione digitale oltre che civica.[54]

A tale riguardo va anche citato il Piano nazionale per l'educazione al rispetto elaborato dal MIUR nel 2017.[55]

Il fattore educativo è, infatti, strategico e non solo relativamente all'atteggiamento verso i diversi, ma per lo sviluppo della società contemporanea basata sulla conoscenza.

Il premio Nobel Joseph Stiglitz sostiene che la società, negli

---

54 Vedi *Mozione istitutiva "Commissione straordinaria per il contrasto dei fenomeni di intolleranza, razzismo, antisemitismo e istigazione all'odio e alla violenza"*, cit.

55 MIUR, *Rispetta le differenze. Piano nazionale per l'educazione al rispetto*, Roma 2017. https://www.miur.gov.it/documents/20182/0/Piano+Nazionale+ER+4.pdf/7179ab45-5a5c-4d1a-b048-5d0b6cda4f5c?version=1.0&t=1509124140106.

ultimi secoli, si è evoluta in base al progredire delle capacità di apprendimento, per cui la conoscenza diventa il presupposto necessario dello sviluppo materiale.[56]

La conoscenza della storia e della cultura dei popoli è decisiva per costruire la visione del mondo. Provo allora a individuare alcuni aspetti in base ai quali l'elemento educativo è imprescindibile per interpretare la realtà e quindi per contestualizzare nel modo più consono i fenomeni dell'intolleranza e dell'odio.

Prima di tutto, nella società digitale siamo difronte a una intolleranza diversa, che aggiunge dinamiche nuove che intervengono sugli aspetti tradizionali, come il cyberbullismo. Tutto questo riporta all'idea educativa che per consultare il web in modo responsabile occorrerebbe una patente, come quella che Karl Popper auspicava per la televisione,[57] solo che adesso l'incidenza dei social è ancora più pervasiva e profonda.[58]

Inoltre, occorre conoscere e studiare quelle posizioni che evidenziano la superiorità della propria razza, etnia, nazione o gruppo per smentirle scientificamente, piuttosto che lasciarle in balia delle incontrollabili discussioni sui social, dove prevale inevitabilmente l'aspetto emotivo e la profilazione.

Bisogna riflettere su studi come quelli di Cesare Lombroso, che dopo oltre un secolo ancora alimentano polemiche molto animate nel nostro Paese.[59] Esistono, poi, studi scientifici controversi in base ai quali le differenze individuali nel quoziente

---

56   J.E. STIGLITZ, B.C. GREENWALD, *Creare una società dell'apprendimento. Un nuovo approccio alla crescita, allo sviluppo e al progresso sociale*, Einaudi, Torino 2018.

57   K. POPPER, *Cattiva maestra televisione*, Marsilio, Venezia 2002.

58   N. CARR, *Internet ci rende stupidi? Come la Rete sta cambiando il nostro cervello*, Cortina, Milano 2011.

59   D. ALTOBELLI, *L'utile e il ragionevole. Saggio su Cesare Lombroso*, Mimesis, Sesto San Giovanni 2016.

di intelligenza e nei punteggi nei test scolastici sono, in parte, spiegate da fattori genetici, riconducibili a differenze razziali.[60] Secondo queste spiegazioni, ci sarebbero razze umane con diverso quoziente di intelligenza.[61]

Ci sono poi altre ricerche secondo le quali la qualità delle istituzioni dipende da fattori geografici o addirittura dalle radiazioni solari, che influenzerebbero l'apprendimento e le condizioni di salute delle popolazioni.[62]

Queste teorie, applicate anche per spiegare le differenze tra Nord e Sud nel nostro Paese nei risultati scolastici e nello sviluppo economico, alimentano in Rete discussioni che prescindono da qualunque metodo e argomentazione scientifica e vengono talvolta interpretate in maniera erronea per suffragare false visioni razziali. È necessario, dunque, distinguere la libertà della ricerca scientifica dalle distorsioni che possono derivarne: un aspetto che merita di essere necessariamente considerato per le sue implicazioni.

Altro aspetto determinante è quello della manipolazione, che ha dato vita a una vera e propria società della disinformazione, che si manifesta con la dismisura dell'informazione da un lato e il basso livello sostanziale di istruzione dall'altro.[63] Tutto questo

---

60   R. LYNN, *In Italy, North–South differences in IQ predict differences in income, education, infant mortality, stature, and literacy*, in "Intelligence", n. 38(1), 2010, pp. 93-100; Per una rassegna critica, V. DANIELE, *Two Italies? Genes, Intelligence and the Italian North-South Economic Divide*, in "Intelligence", n. 49, 2015, pp. 44–56.

61   Tuttavia è stato dimostrato che il miglioramento delle condizioni sociali, economiche e culturali favorisce l'incremento del quoziente di intelligenza, secondo il cosiddetto «effetto Flynn». L'«effetto Flynn» prende il nome dallo psicologo statunitense James R. Flynn che ha studiato l'aumento del quoziente intellettivo medio della popolazione durante gli anni. Vedi, J.F. FLYNN, *Massive IQ gains in 14 nations: What IQ tests really measure*, in «Psychological Bulletin», vol. 101, 1987, pp. 171-191.

62   È questa la tesi sostenuta da F.R. LEÓN, A. BURGA-LEÓN, *How geography influences complex cognitive ability*, in "Intelligence", n. 50, 2015, pp. 221–227. Vedi inoltre N. WADE, *Una scomoda eredità. La storia umana tra razza e genetica*, Codice, Torino 2015.

63   Vedi anche M. CALIGIURI, *Introduzione alla società della disinformazione. Per una*

determina un corto circuito cognitivo che allontana ulteriormente le persone dalla comprensione della realtà.

Per incidere efficacemente sulle discriminazioni e sui pregiudizi, potrebbe essere molto importante intervenire nella fase dell'educazione prescolare. Infatti, proprio a questa dimensione ho fatto riferimento in relazione a una possibile ed efficace integrazione multiculturale che si rende necessaria con i processi migratori.[64]

Infatti, nella fase prescolare si formano le capacità cognitive anche per sviluppare i concetti della società aperta basata sulla tolleranza.[65] Inoltre, in questo cruciale periodo dell'esistenza, andrebbero approfonditi i valori culturali della società occidentale,[66] perché a identità culturali forti occorrerebbe contrapporre identità culturali altrettanto robuste e basate sui valori occidentali della tolleranza, per evitare proprio le derive della violenza e dell'odio.

Il fattore educativo, poi, incide nella corretta interpretazione dei fatti e dei numeri. Dei fatti occorre necessariamente prendere atto per avere una verosimile conoscenza della realtà,[67] così come dei numeri, senza però approdare alla deriva culturale del dataismo in base alla quale la lettura delle dinamiche viene orientata dai

pedagogia della comunicazione, Rubbettino, Soveria Mannelli 2018.

64   M. CALIGIURI, *La civiltà occidentale nel dialogo con l'immigrazione islamica. Un'analisi pedagogica della democrazia*, in "Il Nodo", n. 46/2016, pp. 37-55.

65   V. DANIELE, *"Il più prezioso dei capitali" Infanzia, istruzione, sviluppo del Mezzogiorno*, in "Rivista economica del Mezzogiorno", n. 3/2014; K. POPPER, *La società aperta e i suoi nemici*, 2 voll. *(vol. I, Platone totalitario, vol. II, Hegel e Marx falsi profeti)*, Armando, Roma 1996.

66   C. DAWSON, *La crisi dell'istruzione occidentale*, D'Ettoris, Crotone 2011; C. DAWSON, *Il dilemma moderno. Senza il cristianesimo l'Europa ha un futuro?*, Lindau, Torino 2012.

67   H. ROSLING, *Factfulness. Dieci ragioni per cui non capiamo il mondo. E perché le cose vanno meglio di come pensiamo*, Rizzoli, Milano 2018.

numeri, attraverso i quali invece si può benissimo manipolare l'informazione e mentire proprio attraverso i dati,[68] creando una falsa percezione della realtà che però produce effetti concreti.

Osserva Luca Ricolfi: "Se ci dicono che l'inflazione è stata del 2.75% o che il PIL è cresciuto dello 0.4% o che il deficit è all'1.9% noi ci crediamo ma non dovremmo farlo. Almeno per tre ragioni: le informazioni su cui si basano [queste previsioni] sono inevitabilmente incomplete e frammentarie; le procedure di raccolta ed elaborazione prevedono una miriade di decisioni arbitrarie; il margine di errore delle stime è sconosciuto. Ma soprattutto il dato definitivo di norma esce quattro anni dopo".[69]

L'importante, come sempre, è l'interpretazione e la contestualizzazione dei fenomeni e dei dati. In tale quadro, il metodo dell'intelligence è l'elemento educativo che consente di semplificare la complessità. La più efficace definizione di intelligence l'ha probabilmente fornita Bill Gates: "Ho una certezza semplice ma incrollabile: il modo più significativo di differenziare la propria società della concorrenza, il migliore per porre una qualche distanza tra sé e gli altri, è eccellere sul piano dell'informazione. Il successo o il fallimento di un'impresa dipendono dal modo in cui si raccolgono, gestiscono e utilizzano le informazioni".[70]

Pertanto, occorre evitare analisi schiacciate sul presente, per cui le informazioni assumono un significato solo quando sono adeguatamente contestualizzate e correttamente interpretate. Non a caso, negli ultimi anni i Servizi di intelligence israeliani stanno assumendo contemporaneamente hacker per sottrarre

68   D. HUFF, *Mentire con le statistiche*, Monti & Ambrosini, Pescara 2009.

69   L. RICOLFI, *Illusioni italiche. Capire il Paese in cui viviamo senza dar retta ai luoghi comuni*, Mondadori, Milano 2010, pp. 147-148.

70   B. GATES, *Business @lla velocità del pensiero*, Mondadori, Milano 1999.

informazioni dai recessi più reconditi della Rete e laureati in filosofia per interpretarle: entrambe figure umane che vanno oltre, rispettivamente, i codici e il pensiero comune.[71]

Ma sviluppare la cultura dell'intelligence richiede un grande investimento sull'educazione, che dovrebbe occupare il primo posto nelle agende dei governi, che invece sono concentrati soprattutto sull'economia.

71   M. CALIGIURI, *Intelligence e guerre dell'informazione nel XXI secolo: come respingere più efficacemente le minacce cyber*, in U. GORI (a cura), *Cyber Warfare 2018. Dalla difesa passiva alla risposta attiva: efficacia e legittimità della risposta attiva alle minacce cibernetiche*, Angeli, Milano 2019, p. 55; F.Q., *Servizi segreti, il Mossad cerca laureati in filosofia e lo Shin Bet recluta con l'enigma matematico*, 1.5.2017, https://www.ilfattoquotidiano.it/2017/05/01/servizi-segreti-il-mossad-cerca-laureati-in-filosofia-e-lo-shin-bet-recluta-con-lenigma-matematico/3554766/.

Capitolo 6

L'INTOLLERANZA, STRUMENTO DI POTERE

L'intolleranza, insieme agli aspetti collegati, non è un semplice fenomeno sociale ma, come anticipato, un autentico e raffinato strumento di potere, in un contesto in cui il potere è più facile da conquistare ma è anche più semplice da perdere ed è ancora più difficile da mantenere.[72]

Per cui lo strumento dell'intolleranza e dell'odio, dell'appartenenza religiosa ed etnica sono armi retoriche, utilizzate sempre di più nel dibattito pubblico del XXI secolo dove le differenze sono principalmente culturali.[73]

Ignorare o negare il ruolo dell'intolleranza usata come strumento di potere può comportare il rischio di rimanere impreparati rispetto a manipolazioni informative messe in atto da

---

72   M. NAÍM, *La fine del potere. Dai consigli di amministrazione ai campi di battaglia, dalle chiese agli Stati, perché il potere non è più quello di un tempo*, Mondadori, Milano 2013.

73   *Ibidem.*

potenze esterne ostili o da poteri criminali.

Veicolare l'odio per fini di influenza o destabilizzazione politica è oggi ancora più semplice e devastante per via delle possibilità offerte dalle tecnologie digitali e, in particolare, dai social network. Pochi specialisti opportunamente addestrati possono raggiungere e influenzare migliaia se non decine di milioni di persone. Questa possibilità è amplificata dai recenti sviluppi dell'intelligenza artificiale, che permette di creare bot in grado di generare e diffondere contenuti in modo indistinguibile da un utente umano.[74]

In una società in cui si evidenziano le disuguaglianze dovute alla globalizzazione, la sorveglianza attraverso le tecnologie, l'ibridazione inevitabile con le macchine con uno scontro di intelligenze tra l'uomo e gli algoritmi, i fenomeni di intolleranza come strumento di potere sono inevitabilmente destinati a crescere, sia sul piano internazionale che nazionale.

Gli esempi attuali non mancano: dagli Uiguri in Cina – dove potremmo anche parlare del Tibet – alla storica persecuzione dei curdi da parte della Turchia. Ma appena si affrontano questi temi, si va incontro alle osservazioni sulle rispettive sovranità nazionali.

Da questo punto di vista, la pandemia, che ha accentuato questi fenomeni già preesistenti, ha rappresentato *l'ora più chiara* delle contraddizioni sociali, facendo emergere i limiti e anche le visioni ideologiche che stravolgono la natura dei problemi.

Di sicuro la pandemia ha messo tutti davanti al comune destino. Non a caso Edgar Morin tra i sette saperi indispensabili

---

74   Un recente esempio riguarda la creazione di un bot con tecnologia GPT-3, che per una settimana ha diffuso contenuti sul popolare sito di social news "Reddit" senza essere stata individuata: W.D. HEAVEN, *A GPT-3 bot posted comments on Reddit for a week and no one noticed*, 8.10.2020, https://www.technologyreview.com/2020/10/08/1009845/a-gpt-3-bot-posted-comments-on-reddit-for-a-week-and-no-one-noticed/.

del futuro indicava, insieme all'educazione all'imprevisto, anche l'educazione all'identità terrestre, in quanto tutti condividiamo lo stesso destino su questo pianeta.[75]

Eppure, anche la pandemia è stata utilizzata come strumento per ridefinire l'ordine mondiale, esacerbando il contrasto tra il Washington Consensus e il Beijing Consensus.[76]

In tale quadro, gli scontri culturali e politici sull'intolleranza e il razzismo sono destinati a crescere sempre di più.

La risposta non può che essere rappresentata prima di tutto da una corretta visione del problema, che non può seguire l'impostazione dell'ideologia del *politicamente corretto*, ma che deve studiare scientificamente i fenomeni, evitando di confondere le cause con gli effetti.

Quali sono i possibili scenari nell'ambito dei quali fenomeni di intolleranza, razzismo e odio si possono sviluppare?

Sono temi strettamente collegati con il disagio sociale. Tra questi, altamente prevedibili sono l'aumento dell'immigrazione nel mondo, che nel medio periodo produrrà effetti sconvolgenti perché legato alle spaventose disuguaglianze tra Paesi ricchi e Paesi poveri. E le classi dirigenti nazionali, piuttosto che affrontare politicamente il problema, spesso sono tentate di strumentalizzarlo.[77]

La questione palestinese è destinata ancora a rappresentare una linea di faglia, di separazione degli equilibri mondiali, rendendo instabili sia il Mediterraneo che il Medioriente e l'Asia centrale.

In tale quadro, il terrorismo fondamentalista potrebbe essere

---

75   E. MORIN, *I sette saperi necessari all'educazione del futuro*, Cortina, Milano 2001.

76   *Cina: 'Washington consensus' e 'Beijing Consensus'*, Atlante Geopolitico, Istituto Treccani, Roma 2012, https://www.treccani.it/enciclopedia/cina-washington-consensus-e-beijing-consensus_%28Atlante- Geopolitico%29/.

77   P. COLLIER, *Exodus. I tabù dell'immigrazione*, Laterza, Roma-Bari 2015.

destinato a mettere in pratica ancora di più la teoria del «nemico lontano», investendo sempre di più l'Occidente. Infatti, vista l'inefficacia delle azioni condotte negli anni Ottanta, Osama Bin Laden e Al Zawahiri elaborarono la dottrina del «nemico lontano», identificato con i Paesi occidentali che sostenevano i Paesi Musulmani moderati che rappresentavano il «nemico vicino». Questa impostazione ha poi portato agli attentati dell'11 settembre e, attraverso un'altra serie di trasformazioni, alla nascita dello Stato Islamico e alle vicende conseguenti fino a oggi.[78]

Nel nuovo ordine mondiale si possono profilare diversi scenari, alternativi e imprevedibili. Il mantenimento di un secolo americano, grazie alla potenza militare e finanziaria (esercitata attraverso il dollaro e le multinazionali), l'originario vantaggio nel cyberspazio, il dominio nel mainstream dei contenuti multimediali trasmessi da cinema, social network e televisione; l'emergere di un secolo cinese, che sta compiendo adesso "il grande balzo in avanti", soprattutto puntando sull'intelligenza artificiale e la strategia della nuova via della seta che si sviluppa dall'Europa all'Africa, dall'Antartide al Canale di Panama. Ipotesi possibili, insieme ad altre. La differenza probabilmente sarà determinata dall'efficienza dei sistemi di governo, e in questo quadro l'asimmetria generata dalla globalizzazione favorisce i sistemi che decidono più rapidamente e che producono élite pubbliche più competenti.

L'Intelligenza artificiale potrà essere una protagonista assoluta di questo secolo. Vladimir Putin nel 2017 affermò che "Chi controlla l'intelligenza artificiale controlla il mondo",[79] mentre

---

78   A. VENTURA, *Per conoscere gli Islam è fondamentale la dimensione culturale dell'Intelligence*, in M. CALIGIURI (a cura), *Raccolta dei comunicati stampa delle lezioni della 8^ edizione del Master In Intelligence dell'Università della Calabria, Anno Accademico 2018-2019*, https://press.socint.org/index.php/home.

79   M. ROVELLI, *Putin sull'intelligenza artificiale: «Chi sviluppa la migliore, governa il mondo»*, 4.9.2017, in http://www.corriere.it/tecnologia/economia-digitale/17_settembre_04/

due anni prima lo storico israeliano Yuval Noah Harari aveva ipotizzato nel prossimo futuro addirittura l'eventualità di due distinte razze umane: "Quando gli algoritmi avranno estromesso gli umani dal mercato del lavoro, la ricchezza e il potere potrebbero risultare concentrati nelle mani di una minuscola élite che possiede i potentissimi algoritmi, creando le condizioni per una disuguaglianza sociale e politica senza precedenti".[80]

Attraverso gli algoritmi si può imporre una visione del mondo, anche dal punto di vista razziale. Infatti, ha fatto molto discutere quanto accaduto a Detroit nel 2019 con l'arresto per rapina del cittadino americano di colore Robert Williams che era innocente, ma che era stato suggerito da un algoritmo di riconoscimento di immagini usato dal Dipartimento di polizia dello Stato del Michigan. È stato dimostrato che l'algoritmo aveva un bias razzista perché assegnava un rischio doppio di recidiva alle persone di colore rispetto ai bianchi nelle stesse condizioni.[81] Nel futuro, si potrebbe ipotizzare un'intolleranza dell'intelligenza artificiale verso la limitata intelligenza umana?[82]

In un contesto in cui più che sulla realtà si cerca di agire sulle immagini e sulle parole, l'aspetto del linguaggio è decisivo. In un film del controverso regista danese Lars von Trier si ascolta questa considerazione: "Dalle mie parti è un segno d'amore chiamare negro un nero. Ogni volta che una parola diventa proibita, si toglie una pietra dalle fondamenta della democrazia. La società

putin-sull-intelligenza-artificiale-chi-sviluppa-migliore-governa-mondo-musk-rilancia-l-allarme-c2a46c9c-916f-11e7-8332-148b1c29464d.shtml?refresh_ce-cp.

80 Y.N. HARARI, *Homo Deus. Breve storia del futuro*, Bompiani, Milano 2017, p. 490.

81 A. ROBERTSON, *Detroit man sues police for wrongfully arresting him based on facial recognition*, 13.4.2021, https://www.theverge.com/2021/4/13/22382398/robert-williams-detroit-police-department-aclu-lawsuit-facial-recognition-wrongful-arrest

82 L. ALEXANDER, *La guerra delle intelligenze. Intelligenza artificiale «contro» intelligenza umana*, EDT, Torino 2018.

dimostra la sua impotenza di fronte a un problema concreto togliendo le parole dal linguaggio".[83]

Il ruolo delle intelligence statali nella prevenzione dei fenomeni di intolleranza è molto importante. Non solo per la specificità predittiva delle Agenzie, ma in quanto si colloca all'interno di scenari in cui va preservato l'interesse nazionale, che si realizza attraverso il benessere, la sicurezza dei cittadini e la stabilità delle istituzioni democratiche. In tale quadro, l'intelligence ha un ruolo decisivo per anticipare gli scontri culturali e la guerra normativa, che sebbene in prima battuta è orientata verso obiettivi economici, facilmente può essere indirizzata per discriminare ed escludere.[84]

Potrebbe inoltre essere opportuno aumentare l'attenzione dell'intelligence nelle collaborazioni comunitarie e internazionali sul tema della prevenzione delle discriminazioni e del razzismo, che peraltro sono già oggetto di attenzione in relazione all'immigrazione e alle vicende geopolitiche. Per quanto argomentato in precedenza, poiché intolleranza e odio possono essere usati in maniera deliberata come strumenti di potere, il loro contrasto non è meramente una questione di ordine pubblico, ma di vera e propria sicurezza nazionale.

[83] Film *Nynfomaniac (Volume2)*, di Lars von Trier (2013). La frase è pronunciata dalla protagonista Joe, interpretata da Charlotte Gainsbourg.

[84] M. CALIGIURI, *Intelligence e diritto. Il potere invisibile delle democrazie*, Prefazione di Luciano Violante, Rubbettino, Soveria Mannelli 2021.

Capitolo 7

L'INTOLLERANZA PER IL CONTROLLO DELLE MENTI

Il fenomeno dell'intolleranza potrebbe essere esaminato in una dimensione geopolitica, intesa come lo studio dei fattori di potenza di uno Stato che tengano conto, nella lunga durata, della geografia e della storia, collocati nell'attualità dello scenario politico.

Le principali teorie geopolitiche argomentano che domina il mondo chi controlla i mari, il centro della terra, l'aria e lo spazio.[85]

Negli ultimi vent'anni, si è progressivamente esteso lo spazio cibernetico, che rappresenta una ulteriore dimensione del conflitto.

Dal cyberspazio si è già arrivati secondo me al sesto dominio, che è quello della mente delle persone poiché nel 2030 tecnicamente

---

85   Il controllo dei mari ha consentito all'Inghilterra di costruire un impero che si estendeva in tutti i continenti; la presenza militare nelle linee di faglia tra l'Asia e l'Europa è ancora oggi strategica, come nel "grande gioco" dell'Ottocento; il dominio dell'aria venne teorizzato dal generale italiano Giulio Douhet dato che proprio il nostro Paese utilizzò in Libia nel 1911 per la prima volta gli aerei in un conflitto; la corsa allo spazio tra le due superpotenze ideologiche dopo la seconda guerra mondiale venne considerato un fattore determinante per il dominio del mondo.

tutti i cittadini del mondo potranno essere connessi a internet. Pertanto, se tutti siamo collegati tutti potremmo essere controllati e quindi in gran parte condizionati.

Appunto per questo, potrebbe essere opportuno cominciare a delineare una «geopolitica della mente», intesa come il campo di battaglia dove si sta svolgendo la lotta per il potere, in modo da esercitare il dominio definitivo sulle persone e sulle nazioni, poiché oltre il controllo della mente non può esserci altro.[86]

In tali condizioni potrebbero emergere due precise caratteristiche: aumentare i consumatori e stabilire relazioni di potere, per cui l'intolleranza e il razzismo potrebbero trovare nel web delle praterie incendiarie, ancora più di ora.

Essendo questo lo scenario che potrebbe profilarsi, potrebbe essere utile approfondire il concetto della geopolitica della mente proprio in relazione alle dinamiche dell'intolleranza e della violenza.

Le ricerche scientifiche dimostrano che da sempre il nostro modo di pensare è già in gran parte condizionato dalla genetica e dall'ambiente, cioè dalla famiglia da cui nasciamo e dal contesto sociale e nazionale in cui viviamo, che orientano inevitabilmente il nostro futuro, trasmettendo inoltre dei pregiudizi sulla percezione della realtà.

In tale quadro, va ricompresa la «geopolitica delle emozioni», teorizzata da Dominique Moïsi che ipotizza i continenti della speranza, della paura e dell'umiliazione, sostenendo che "viviamo tutti lo stesso tempo ma lo percepiamo in maniera differente".[87]

Pertanto, la «geopolitica della mente» è collegata direttamente

---

86   M. CALIGIURI, *La mente come campo di battaglia*, 19.3.2022, https://formiche.net/2022/03/campo-battaglia-definitivo-mente-persone/

87   D. MOÏSI, *Geopolitica delle emozioni. Le culture della paura, dell'umiliazione e della speranza stanno cambiando il mondo*, Garzanti, Milano 2009.

allo studio delle dinamiche del presente e del futuro, che sono condizionate dall'emozione e dall'intolleranza.

Mai come in questi anni della pandemia, e adesso della guerra russo-ucraina, è evidente come accanto alla guerra reale vi sia quella dell'informazione, che provoca effetti distorsivi devastanti. Per descriverli Marshall McLuhan ricordava che "quello di cui i pesci non sanno assolutamente nulla è l'acqua". Vale lo stesso per noi che siamo totalmente immersi nella disinformazione e cogliamo spesso l'esatto opposto della realtà.[88]

Non solo la dialettica tra verità e menzogna ha sempre contraddistinto la storia dell'umanità, tanto che Aulo Gellio sosteneva che "la verità è figlia del tempo", ma oggi tutto sta cambiando in modo strutturale con l'avvento dell'intelligenza artificiale.

L'intelligenza artificiale potrebbe comportare uno *spill-over*, un salto di specie con una inevitabile ibridazione tra uomo e macchina.[89] E se adesso siamo orientati dall'intelligenza artificiale, nell'immediato futuro le nostre menti ne potrebbero essere controllate e quindi orientate verso comportamenti violenti e intolleranti.

Negli anni Cinquanta Alan Turing, uno dei padri dell'intelligenza artificiale e protagonista della decifrazione del codice "Enigma", aveva risposto affermativamente alla domanda se le macchine avessero potuto sviluppare una coscienza.[90]

Già oggi viviamo in tre dimensioni che si sovrappongono contemporaneamente: fisica, virtuale e aumentata, quest'ultima

88   M. CALIGIURI, *Come i pesci nell'acqua. Immersi nella disinformazione*, cit.

89   K. KELLY, *L'inevitabilè. Le tendenze tecnologiche che condizioneranno il nostro futuro*, il Saggiatore, Milano 2017.

90   A.M. TURING, *Computing machinery and intelligence*, in Mind, n. 59, 1950, pp. 433-460.

intesa come risultato dell'ibridazione tra uomo e tecnologia.[91]

E mentre in passato il consenso era ottenuto con la forza, attualmente è raggiunto attraverso la persuasione e la propaganda, che rendono sempre più difficile distinguere il vero dal falso.

Pertanto, prevalere nell'informazione è determinate. Gli Stati Uniti già nel 1997 avevano definito il concetto di *information dominance*, in base al quale "nei conflitti di domani prevarrà chi racconterà la storia migliore".[92]

William Davies argomenta che oggi l'emozione ha conquistato il mondo, orientando l'azione di cittadini insofferenti e frustrati, sempre più scettici verso esperti e istituzioni,[93] con algoritmi impostati in base al comportamento umano che è "prevedibilmente irrazionale", come sostenuto dal premio Nobel per l'economia Daniel Kahneman.[94] Infatti, la disinformazione è strutturale al sistema sociale e attraverso essa diventa più estesa la possibilità di ribadire, far nascere o rafforzare le tendenze rivolte all'intolleranza.

Infatti, la tendenza del sistema sociale, basato sulla prevalenza dell'economia, è quella di coltivare e manipolare fedeli, per farli schierare non per farli capire. È in questa dimensione che si struttura e opera efficacemente a livello globale la propaganda.

91   M. CALIGIURI, *Come i pesci nell'acqua. Immersi nella disinformazione*, cit., pp. 29-32.

92   Definizione dei ricercatori della Rand Corporation John Arquilla e David Ronfeldt che nella seconda metà degli anni Novanta hanno approfondito il concetto di «information dominance», definito da Martin C. Libicki. Vedi J. ARQUILLA, D. RONFELD, *The Advent of Netwar*, RAND, Santa Monica 1996 e J. ARQUILLA, D. RONFELD, *The Emergence of Noopolitik: Toward an American Information Strategy*, RAND, Santa Monica 1999.

93   W. DAVIES, *Stati nervosi. Come l'emotività ha conquistato il mondo*, Einaudi, Torino 2019.

94   D. KAHNEMAN, *Pensieri lenti e veloci*, Mondadori, Milano 2012. Vedi anche D. ARIELY, *Prevedibilmente irrazionali*, Rizzoli, Milano 2008.

CONCLUSIONI

NEL GIARDINO ITALIANO

In questa analisi culturalmente di intelligence abbiamo contestualizzato l'intolleranza tentando di ricercare le radici storiche e mitiche, individuare le dimensioni più rilevanti, contestualizzare quanto accade in un'ottica futura.

Un fenomeno così generale come l'intolleranza, che ha sempre scandito la storia del mondo, dobbiamo necessariamente analizzarlo nel contesto nazionale, utilizzando la metafora del "giardino": da un lato andando "oltre il giardino", cioè guardando a quello che accade nel contesto mondiale, ma dall'altro adattando la definizione "Non nel mio giardino" per evitare che fenomeni del genere si radichino nel nostro contesto nazionale.[95]

95   "NIMBY, effetto. Espressione (Not In My Back Yard, «non nel mio giardino») coniata negli anni 1980, attribuita a W. Rodger dell'American Nuclear Society e legata al politico inglese N. Ridley (1929-1993), che fu segretario di Stato del partito conservatore per l'ambiente". G. DE LUCA, *Effetto NIMBY*, in *Dizionario di Economia e Finanza*, Enciclopedia Italiana, Istituto Treccani, Roma 2012.

La capacità di contestualizzare è fondamentale, partendo proprio dal dettato costituzionale che prevede l'uguaglianza sostanziale, vietando la riproposizione di fenomeni d'odio che si sono verificati nella storia nazionale del Novecento.[96]

Dal mio punto di vista, pur non dovendo assolutamente sottovalutare alcuni fenomeni estremi, in Italia non esiste la possibilità di un ritorno al fascismo per come storicamente lo abbiamo conosciuto perché c'è di peggio: si manifestano le condizioni sociali e culturali che hanno reso possibile l'arrivo della dittatura, cioè la crisi del sistema democratico.

Una crisi che in gran parte discende dai metodi dai formazione e selezione delle classi dirigenti, problema comune a tutto l'Occidente. Nel nostro Paese, dal 1993 si è andata progressivamente restringendo la possibilità di espressione da parte degli elettori, con l'attuale impostazione delle liste bloccate che scollegano gli eletti dal territorio che dovrebbero rappresentare, agevolando le infiltrazioni della criminalità negli enti locali.

La stessa legge Bassanini favorisce di fatto questo processo, poiché, avendo annullato i controlli esterni sugli atti amministrativi, ha eliminato un potente strumento per evitare abusi e arbitrii nelle scelte pubbliche.[97]

L'immigrazione è destinata ad aumentare anche nel nostro Paese, provocando disagio sociale, periferie delle grandi città fuori controllo e incremento delle mafie straniere, tra cui quelle nigeriana, albanese e sudamericana.

Le conseguenze delle politiche pubbliche potrebbero di nuovo radicalizzare lo scontro tra Nord e Sud del Paese, facendo rinascere

---

96   "È vietata la riorganizzazione, sotto qualsiasi forma, del disciolto partito fascista". *XII disposizione transitoria e finale della Costituzione Italiana.*

97   A. GRATTERI, A. NICASO, *La giustizia è una cosa seria*, Mondadori, Milano 2011.

tendenze separatiste settentrionali.[98]

Sempre collegata con la pandemia, si registra l'ulteriore infiltrazione della criminalità organizzata nell'economia,[99] fenomeno che si è già riscontrato dopo la crisi del 2008.[100]

L'ulteriore e prevedibile abbassamento del livello di istruzione, inciderà sull'economia e la democrazia, con ricadute inevitabili nei rapporti tra cittadini, con l'emergere di sentimenti e comportamenti negativi verso *i diversi* comunque considerati.

La guerra normativa insieme con le guerre dell'informazione e le guerre psicologiche potrebbero rendere i nostri concittadini maggiormente vittime della disinformazione, tanto più che una ricerca dell'IPSOS del 2018 ha rilevato che, tra decine di Paesi, siamo la nazione dove la percezione dei fatti è la più distante dalla realtà.[101] A ciò si aggiunga che oltre il 75% di nostri connazionali non riesce a interpretare una semplice frase nella nostra lingua[102] e che quasi il 28% è analfabeta funzionale, tra i quali anche numerosi diplomati e laureati.[103] Tutto questo deve fare riflettere sugli esiti delle consultazioni elettorali e quindi sulla reale natura della democrazia nel nostro Paese.

Lo sviluppo dell'intelligenza artificiale potrebbe provocare problemi sul mercato del lavoro, già storicamente in sofferenza.

98   M. CALIGIURI, *Post Covid-19. Analisi di intelligence e proposte di policy 2020-2021*, Allegato a "Formiche", n. 5, maggio 2020.

99   N. GRATTERI, A. NICASO, *Ossigeno illegale. Come le mafie approfitteranno dell'emergenza Covid-19 per radicarsi nel territorio italiano*, Mondadori, Milano 2020.

100   B. SIMONETTA, *I padroni della crisi. Come la recessione nutre le mafie*, il Saggiatore, Milano 2013.

101   B. DUFFY, *The Perils of Perception: Why We're Wrong About Nearly Everything* , Atlantic Books, London 2018. S. DISEGNI, *Cibo, salute, criminalità, disoccupati. É l'Italia il Paese che sa meno di sé*, in "Corriere della Sera", 3.8.2018, p. 11.

102   T. DE MAURO, *La cultura degli italiani*, Laterza, Roma-Bari 2010.

103   OCSE, *Skills Matter Further Results from the Survey of Adult Skills*, 2016, in https://www.oecd-ilibrary.org/education/skills-matter_9789264258051-en

Molto probabile è l'allargamento delle disuguaglianze e questo potrebbe provocare imprevedibili tensioni sociali.

Tutte queste dinamiche possono sicuramente fare emergere e consolidare atteggiamenti razzisti, posizioni intolleranti, discriminazioni pubbliche e private e altri fenomeni di questo tipo che si manifesteranno in forme ancora più sottili e sconosciute, ma sempre con effetti sociali che possono essere devastanti. Il tutto ovviamente amplificato dalla Rete attraverso social network e bot.

Concludiamo da dove siamo partiti, con la contestualizzazione culturale. Nella storia italiana, a torto o a ragione, abbiamo avuto tanti esempi di capro espiatorio: Benito Mussolini messo a testa in giù a Piazzale Loreto nell'aprile del 1945 per affrancarci dal fascismo, Aldo Moro ucciso dalle Brigate Rosse nel maggio del 1978 per tentare di decapitare il sistema democratico, Bettino Craxi morto ad Hammamet nel gennaio del 1999 per sconfiggere la corruzione e, recentemente, Luca Palamara espulso dall'associazione nazionale magistrati per rendere più efficiente e credibile il sistema della giustizia. I problemi invece rischiano a volte di rimanere intatti, aggravandosi.

Pertanto, quando si va al potere per mantenerlo occorre individuare il «nemico vicino» e il «nemico lontano».

Quindi l'odio non andrebbe interpretato quale semplice fenomeno storico e sociale, ma, come abbiamo cercato di argomentare, quale penetrante strumento di potere, anzi in questa fase della storia si potrebbe considerare come la leva del potere più importante: prima per acquisirlo e poi per mantenerlo.

Basta assistere una sera a qualsiasi talk show televisivo italiano per verificare come gli scontri siano sempre frontali, al fine di condizionare le persone, mentre nei tg le dichiarazioni degli esponenti politici e istituzionali sono assimilabili alla propaganda permanente.

Le dinamiche di quanto accade in Italia sono riscontrabili in tanti altri Paesi, facendo comprendere che il problema dell'intolleranza è dunque eminentemente politico. E non è affatto estraneo o incidentale ma è costitutivo del sistema sociale, basato sull'ingiustizia e sulle dinamiche del potere dove i pochi per dominare sui molti si organizzano con tecniche e argomenti sempre più penetranti.

L'intolleranza è un fenomeno nuovo, per come si va configurando nell'inedito contesto delle tecnologie e dell'intelligenza artificiale che porteranno a una inevitabile ibridazione tra uomo e macchina,[104] ma che ha appunto radici antiche.

Infatti, l'intolleranza potrebbe essere direttamente collegata con l'ingiustizia sociale che richiama l'organizzazione politica e giuridica della comunità.

Notava sant'Agostino: "Se non è rispettata la giustizia, che cosa sono gli Stati, se non delle grandi bande di ladri?".[105]

Tema che, nella globalizzazione che allarga i divari, potrebbe diventare più attuale che mai. Pertanto, l'intolleranza, che trova la sua radice nei pregiudizi, ha un'altra faccia della medaglia: l'indignazione, che trova le sue ragioni nell'ingiustizia sociale resa legale dagli Stati.

---

104   K. KELLY, *L'inevitabile. Le tendenze tecnologiche che condizioneranno il nostro futuro*, cit.

105   "Perché le bande di briganti che cosa sono, se non dei piccoli Stati? [...]. Se la banda malvagia aumenta con l'aggiungersi di uomini perversi, tanto che possiede territori, stabilisce residenze, occupa città, sottomette popoli, essa assume più apertamente il nome di Stato, non perché sia venuta meno la cupidigia, ma perché è sopravvenuta l'impunità". AGOSTINO D'IPPONA, *De civitate Dei*, IV, 4, in SANT'AGOSTINO, *La città di Dio*, Mondadori, Milano 2011. Vedi D. TAFANI, *Distinguere uno Stato da una banda di ladri. Etica e diritto nel XX secolo*, il Mulino, Bologna 2014, p. 8 e ss.

FONTI

BIBLIOGRAFIA

L. ALEXANDER, *La guerra delle intelligenze. Intelligenza artificiale «contro» intelligenza umana*, EDT, Torino 2018.

D. ALTOBELLI, *L'utile e il ragionevole. Saggio su Cesare Lombroso*, Mimesis, Sesto San Giovanni 2016.

G. ANDERS, *Noi figli di Eichmann*, Giuntina, Firenze 2018.

H. ARENDT, *Verità e menzogna. Riflessioni sui "Pentagon Papers"*, Marietti, Genova 2006.

D. ARIELY, *Prevedibilmente irrazionali*, Rizzoli, Milano 2008.

J. ARQUILLA, D. RONFELD, *The Advent of Netwar*, RAND, Santa Monica 1996.

J. ARQUILLA, D. RONFELD, *The Emergence of Noopolitik: Toward an American Information Strategy*, RAND, Santa Monica 1999.

Atlante Geopolitico, Istituto Treccani, Roma 2012.

Z. BAUMAN, *Conversazioni sull'educazione*, (con R. Mazzeo), Erikson, Trento 2012.

Z. BAUMAN, *La solitudine del cittadino globale*, Feltrinelli, Milano 1998.

D. BELL, *Il modello Cina. Meritocrazia politica e limiti della democrazia*, LUISS University Press, Roma 2019.

M. BENASAYAG, G. SCHMIT, *L'epoca delle passioni tristi*, Feltrinelli, Milano 2008.

P. BIANCHI, S. GIANNINI, *La repubblica delle marchette. Chi e come della pubblicità occulta*, Stampa Alternativa, Viterbo 2004.

E. BORGNA, *L'arcipelago delle emozioni*, Feltrinelli, Milano 2001.

M. CALIGIURI, *Come i pesci nell'acqua. Immersi nella disinformazione*, Prefazione di Luciano Floridi, Rubbettino, Soveria Mannelli 2019.

M. CALIGIURI, *Intelligence e diritto. Il potere invisibile delle democrazie*, Prefazione di Luciano Violante, Rubbettino, Soveria Mannelli 2021.

M. CALIGIURI, *Il disagio sociale digitale: da problema di ordine pubblico a questione di sicurezza nazionale*, in U. GORI, D. VERNON DE MARS (a cura), *Cyber Warfare 2019-2020. Dall'evoluzione della Warfare alla resilienza al Covid-19*, Angeli, Milano 2021.

M. CALIGIURI, *Intelligence e guerre dell'informazione nel XXI secolo: come respingere più efficacemente le minacce cyber*, in U. GORI (a cura), *Cyber Warfare 2018. Dalla difesa passiva alla risposta attiva: efficacia e legittimità della risposta attiva alle minacce cibernetiche*, Angeli, Milano 2019.

M. CALIGIURI, *Intelligence*, in "Enciclopedia Italiana", X Appendice, Volume I, Istituto Treccani, Roma 2020.

M. CALIGIURI, *La civiltà occidentale nel dialogo con l'immigrazione islamica. Un'analisi pedagogica della democrazia*, in "Il Nodo", n. 46/2016.

M. CALIGIURI, *La rivoluzione dietro l'angolo. Come il disagio sociale digitale minaccia la sicurezza nazionale*, Allegato a "Formiche", dicembre 2019.

M. CALIGIURI, *Introduzione alla società della disinformazione. Per una pedagogia della comunicazione*, Rubbettino, Soveria Mannelli 2018.

M. CALIGIURI, *Post Covid-19. Analisi di intelligence e proposte di policy 2020-2021*, allegato a "Formiche", n. 5, maggio 2020.

N. CARR, *Internet ci rende stupidi? Come la Rete sta cambiando il nostro cervello*, Cortina, Milano 2011.

CENTRO NUOVO MODELLO DI SVILUPPO, *I mercanti della notizia. Guida al controllo dell'informazione in Italia*, Emi, Bologna 2011.

N. CHOMSKY, E.S. HERMAN, *La fabbrica del consenso*, Tropea, Milano 1998.

N. CHOMSKY, *La democrazia del grande fratello*, Piemme, Casale Monferrato 2005.

P. COLLIER, *Exodus. I tabù dell'immigrazione*, Laterza, Roma-Bari 2015.

COMITATO INVISIBILE, *L'insurrezione che viene. Ai nostri amici. Adesso*, Nero, Roma 2019.

J. CRARY, *24/7. Il capitalismo all'assalto del sonno*, Einaudi, Torino 2015.

R. CURCIO, *L'algoritmo sovrano. Metamorfosi identitarie e rischi totalitari nella società artificiale*, Sensibili alle foglie, Roma 2018.

V. DANIELE, *"Il più prezioso dei capitali" Infanzia, istruzione, sviluppo del Mezzogiorno*, in "Rivista economica del Mezzogiorno", n.

3/2014.

V. DANIELE, *Two Italies? Genes, Intelligence and the Italian North-South Economic Divide*, in "Intelligence", n. 49, 2015.

W. DAVIES, *Stati nervosi. Come l'emotività ha conquistato il mondo*, Einaudi, Torino 2019.

C. DAWSON, *Il dilemma moderno. Senza il cristianesimo l'Europa ha un futuro?*, Lindau, Torino 2012.

C. DAWSON, *La crisi dell'istruzione occidentale*, D'Ettoris, Crotone 2011.

G. DE LUCA, Effetto NIMBY, in *Dizionario di Economia e Finanza*, Enciclopedia Italiana, Istituto Treccani, Roma 2012.

T. DE MAURO, *La cultura degli italiani*, Laterza, Roma-Bari 2010.

R. DEBRAY, *Lo Stato seduttore. Le rivoluzioni mediologiche del potere*, Editori Riuniti, Roma 2003.

D. DI CESARE, *Il tempo della rivolta*, Bollati Boringhieri, Torino 2020.

S. DISEGNI, *Cibo, salute, criminalità, disoccupati. É l'Italia il Paese che sa meno di sé*, in "Corriere della Sera", 3.8.2018.

B. DUFFY, *The Perils of Perception: Why We're Wrong About Nearly Everything*, Atlantic Books, London 2018.

E. FERRAGINA, *Chi troppo chi niente*, Chiarelettere, Milano 2013.

J.F. FLYNN, *Massive IQ gains in 14 nations: What IQ tests really measure*, in «Psychological Bulletin», vol. 101, 1987.

G. GALLI, *Occidente misterioso. Baccanti, gnostici, streghe: i vinti della storia e la loro eredità*, Rizzoli, Milano 1987.

B. GATES, *Business @lla velocità del pensiero*, Mondadori, Milano 1999.

V. GHENO, *Potere alle parole. Perché usarle meglio*, Einaudi, Torino 2019.

R. GIRARD, *Delle cose nascoste sin dalla fondazione del mondo*, Adelphi, Milano 1996.

M. GRANDI, *Far Web. Odio, bufale, bullismo. Il lato oscuro dei social*, Rizzoli, Milano 2017.

N. GRATTERI, A. NICASO, *Ossigeno illegale. Come le mafie approfitteranno dell'emergenza Covid-19 per radicarsi nel territorio italiano*, Mondadori, Milano 2020.

N. GRATTERI, A. NICASO, *La giustizia è una cosa seria*, Mondadori, Milano 2011.

M. HALL, J. HEARN, *Revenge Pornography: Gender, Sexuality and Motivations*, Taylor & Francis Ltd, Abingdon 2017.

B.-C. HAN, *Nello sciame. Visioni del digitale*, nottetempo, Milano 2015.

Y.N. HARARI, *Homo Deus. Breve storia del futuro*, Bompiani, Milano 2017.

D. HUFF, *Mentire con le statistiche*, Monti & Ambrosini, Pescara 2009.

S. HUNTINGTON, *Lo scontro delle civiltà e il nuovo ordine mondiale. Il futuro geopolitico del pianeta*, Garzanti, Milano 2000.

D. KAHNEMAN, *Pensieri lenti e veloci*, Mondadori, Milano 2012.

K. KELLY, *L'inevitabile. Le tendenze tecnologiche che condizioneranno il nostro futuro*, il Saggiatore, Milano 2017.

F.R. LEÓN, A. BURGA-LEÓN, *How geography influences complex cognitive ability*, in "Intelligence", n. 50, 2015.

R. LYNN, *In Italy, North–South differences in IQ predict differences in income, education, infant mortality, stature, and literacy*, in "Intelligence", n. 38(1), 2010.

K. MARX, F. ENGELS, *Manifesto del partito comunista*, Silvio Berlusconi Editore, Milano 1998.

A. MASERA, G. SCORZA, *Internet, i nostri diritti*, Laterza, Roma-Bari 2016.

F. MERLI, *Canada, politici sotto assedio*, "Italia Oggi", 15.9.22.

J. MEYROWITZ, *Oltre il senso del luogo. L'impatto dei media elettronici sul comportamento sociale*, Baskerville, Bologna 1995.

MIUR, *Rispetta le differenze. Piano nazionale per l'educazione al rispetto*, Roma 2017.

D. MOÏSI, *Geopolitica delle emozioni. Le culture della paura, dell'umiliazione e della speranza stanno cambiando il mondo*, Garzanti, Milano 2009.

E. MORIN, *I sette saperi necessari all'educazione del futuro*, Cortina, Milano 2001.

M. NAÍM, *La fine del potere. Dai consigli di amministrazione ai campi di battaglia, dalle chiese agli Stati, perché il potere non è più quello di un tempo*, Mondadori, Milano 2013.

D. PELERIN, *La publicité qui ne vend rien*, in "Telerama", 25.6.1980.

K. POPPER, *Cattiva maestra televisione*, Marsilio, Venezia 2002.

K. POPPER, *La società aperta e i suoi nemici*, 2 voll. (*vol. I, Platone totalitario, vol. II, Hegel e Marx falsi profeti)*, Armando, Roma 1996.

I. RAMONET, *Propagande silenziose*, Asterios, Trieste 2002.

C. RICCI, *La volontaria reclusione. Italia e Giappone: un legame inquietante*, Aracne, Roma 2014.

L. RICOLFI, *Illusioni italiche. Capire il Paese in cui viviamo senza dar retta ai luoghi comuni*, Mondadori, Milano 2010.

S. ROMANO, *I falsi protocolli. Il "complotto ebraico" dalla Russia di Nicola II a oggi*, Corbaccio, Milano 1992.

H. ROSLING, *Factfulness. Dieci ragioni per cui non capiamo il mondo. E perché le cose vanno meglio di come pensiamo*, Rizzoli, Milano 2018.

SANT'AGOSTINO, *La città di Dio*, Mondadori, Milano 2011.

L. SEGRE, *La sola colpa di essere nati* (con Gherardo Colombo), Garzanti, Milano 2021.

F. SGAGGIO, *Il Paese dei buoni e dei cattivi. Perché il giornalismo, invece di informarci, ci dice da che parte stare*, Minimum Fax, Roma 2011.

B. SIMONETTA, *I padroni della crisi. Come la recessione nutre le mafie*, il Saggiatore, Milano 2013.

J.E. STIGLITZ, B.C. GREENWALD, *Creare una società dell'apprendimento. Un nuovo approccio alla crescita, allo sviluppo e al progresso sociale*, Einaudi, Torino 2018.

D. TAFANI, *Distinguere uno Stato da una banda di ladri. Etica e diritto nel XX secolo*, il Mulino, Bologna 2014.

M. THOMPSON, *La fine del dibattito pubblico. Come la retorica sta distruggendo la lingua della democrazia*, Feltrinelli, Milano 2017.

A. TOFFLER, *Lo choc del futuro*, Rizzoli, Milano 1971.

A.M. TURING, *Computing machinery and intelligence*, in "Mind", n. 59, 1950.

J.M. TWENGE, *Iperconnessi. Perché i ragazzi oggi crescono meno ribelli, più tolleranti, meno felici e del tutto impreparati a diventare adulti*, Einaudi, Torino 2018.

G. UTILI, *Il disagio sociale, tra ordine pubblico e sicurezza nazionale*, Università di Udine, Anno Accademico 2021/2022.

A. VENTURA, *Per conoscere gli Islam è fondamentale la dimensione culturale dell'Intelligence*, in M. CALIGIURI (a cura), *Raccolta dei comunicati stampa delle lezioni della 8^ edizione del Master In Intelligence dell'Università della Calabria*, Anno Accademico 2018-2019.

G. VIDAL, *Se controlli i media è fatta*, (Interviste di Giulietto Chiesa e The Real News), Datanews, Roma 2008.

N. WADE, *Una scomoda eredità. La storia umana tra razza e genetica*, Codice, Torino 2015.

S.M. WEINSCHENK, *Neuro web design. L'inconscio ci guida nel web*, Apogeo, Milano 2010.

G. ZICCARDI, *L'odio online. Violenza verbale e ossessioni in rete*, Cortina, Milano 2016.

S. ZUBOFF, *Il capitalismo della sorveglianza. Il futuro dell'umanità nell'era dei nuovi poteri*, LUISS University Press, Roma 2019.

WEBGRAFIA

Corriere della sera, www.corriere.it

Senato della Repubblica, www.senato.it

Vita, www.vita.it

Commissione Europea, https://eur-lex.europa.eu

Società Italiana di Intelligence, www.press.socint.org

B.T., www.bt.dk

Camera dei deputati, www.camera.it

Formiche, www.formiche.net

il Fatto Quotidiano, www.ilfattoquotidiano.it

Ministero dell'Istruzione e del Merito, www.miur.gov.it

Nature, www.nature.com

Organisation for Economic Cooperation and Development iLibrary, www.oecd-ilibrary.org

Open, www.open.online

ScienceDirect, www.sciencedirect.com

SWI, www.swissinfo.ch

MIT Technology Review, www.technologyreview.com

The Verge, www.theverge.com

Treccani, www.treccani.it

ALTRE FONTI

Film: *Nynfomaniac (Volume2)*, Lars von Trier (2013)

Legislazione: Legge 13 ottobre 1975, n. 654

INDICE